DE
L'ORGANISATION
DE LA
RÉPUBLIQUE

Par

F. SAILLARD

———○———

PARIS

LIBRAIRIE DE M. DÉCEMBRE	JULES TARIDE
ÉDITEUR	LIBRAIRIE DU LOUVRE
326, RUE DE VAUGIRARD.	2, RUE MARENGO.

1883

DE L'ORGANISATION

DE LA RÉPUBLIQUE

Paris, typ. de M. Décembre, 326, rue de Vaugirard.

DE
L'ORGANISATION
DE LA
RÉPUBLIQUE

Par
F. SAILLARD

PARIS

LIBRAIRIE DE M. DÉCEMBRE	JULES TARIDE
ÉDITEUR	LIBRAIRIE DU LOUVRE
326, RUE DE VAUGIRARD.	2, RUE MARENGO.

—

1883

DE L'ORGANISATION

DE LA

RÉPUBLIQUE

CHAPITRE PREMIER

Des causes qui ont jusqu'aujourd'hui empê-
ché la République de s'établir, et amené
la ruine et l'abaissement de la France.

Il est vrai, on a en 1789 proclamé certains
principes, et posé les bases de la société nouvelle;
mais on n'a pas établi cette société, et la preuve
c'est que l'on n'a fait depuis qu'osciller entre les
révolutions et les réactions, sans pouvoir s'arrêter ou parvenir à l'équilibre et à la stabilité.

Qu'a-t-il donc manqué aux hommes de 1789, et à ceux qui leur ont succédé, pour fonder en France la République et établir la société nouvelle?

Certes, ce n'est pas, aux premiers surtout, aux hommes de 1792 et de 1793, le courage et l'énergie. Tant que les républicains n'ont eu devant eux que les hommes du passé, les représentants de l'ancien régime, ils ont triomphé. En 1792 et pendant les années qui ont immédiatement suivi, ils ont triomphé de l'Europe coalisée qui voulait rétablir l'ancien régime, et écraser dans son germe l'œuvre révolutionnaire.

En 1830, ils ont une fois encore renversé les Bourbons de la branche aînée, qui voulaient détruire la liberté et rétablir l'ancien principe de l'autorité royale. En 1848, ils ont vaincu l'oligarchie bourgeoise qui était opposée aux réformes et voulait empêcher le développement de la liberté. Enfin, en 1870, ils ont obligé à se démettre Napoléon III, dont le gouvernement avait été reconnu incompatible avec la liberté et qui n'avait pas su défendre le sol et l'intégrité de la patrie.

Mais les difficultés, commencèrent pour les républicains, quand ils se trouvèrent en face des

difficultés de la situation intérieure et qu'ils son-
gèrent à s'organiser. Ainsi, en 1793, quand l'invasion fut repoussée et que la République pour se
défendre eut été obligée de porter la guerre sur le
territoire ennemi ; quand la Vendée fut pacifiée,
que Lyon fut pris et que Toulon eut été rendu à
la France, on fut obligé de reconnaître qu'il ne
suffit pas, pour fonder un gouvernement et établir
une société, de bonnes lois ni d'une bonne consti-
tion.

En effet, qu'arriva-t-il alors? Les partis monarchiques, qui avaient été vaincus sur les
champs de bataille et qui n'osaient plus se montrer sur le terrain de la politique, recommencè-
rent à agiter et ils agirent par l'intrigue. On eut la
Terreur blanche. Des bandes, comme la compa-
gnie de Jéhu, s'organisèrent. Il y eut, dans Paris,
des émeutes qui permirent au gouvernement de
fusiller ou déporter les meilleurs républicains.
Enfin, on amena les choses à ce point où, le peuple fatigué, craignant l'anarchie et voulant assurer les conquêtes de la Révolution, permit à Bonaparte de faire le coup d'Etat du 18 brumaire et
d'établir l'empire.

Il est certain que le jour où Bonaparte fit le
coup d'Etat du 18 brumaire et établit l'empire,

il ne s'agissait plus que de savoir qui, de lui ou des Bourbons, arriveraient au pouvoir. Les meilleurs généraux, Moreau, Pichegru, d'autres, se disputaient la faveur de ramener Louis XVIII et de renverser la République. On est obligé de le reconnaître, la France vit dans Napoléon un sauveur et elle le considéra comme le seul obstacle au rétablissement de l'ancien régime.

En 1848, après la chute du gouvernement de Louis-Philippe et la proclamation de la seconde République, les mêmes faits à part quelques exceptions se reproduisirent. On dit: c'est la faute à Louis Bonaparte qui fit le coup d'Etat du 2 décembre; c'est la faute à M. Thiers qui organisa les réunions de la rue de Poitiers et fut l'àme de la réaction; c'est la faute à M. de Falloux, qui fit les journées de Juin et provoqua le peuple. Mais pourquoi les républicains laissèrent-ils le peuple tomber dans le piège tendu par M. de Falloux, comment M. Thiers eut-il une si grande influence, enfin, comment Louis Bonaparte put-il faire le coup d'Etat du 2 décembre et rétablir l'empire?

Ah! il faut le dire, il y avait eu des fautes de commises et le parti républicain dans l'opposition avait quelquefois manqué de mes ure. Ils s'était montré violent, et, quand il arriva au pouvoir, on lui appliqua les mêmes procédés qu'il avait lui-même employés contre les gouvernements qui l'avaient précédé. Quelle force pouvaient avoir les Louis Blanc, les Jules Favre et les Ledru-Rollin, pour résister au peuple et empêcher une insurrection ou une émeute?

Ah! sans doute, il y a des moments où la force seule peut résoudre les questions du gouvernement et de la société; mais ces moments sont rares, et il est du devoir des hommes politiques de chercher à les éviter. Il faut, en effet, comprendre que les révolutions, même les plus heureuses, ont coûté beaucoup de sang et que ce sont elles qui ont amené la ruine et l'abaissement de la France.

Il est certain qu'il n'y a plus en France, comme en 1789, cette foi dans le droit et la justice qui fit faire ces grandes choses d'où est sorti le monde nouveau; il n'y a plus, comme en 1792, cette volonté et cette énergie qui mirent sur pied quatorze armées et permirent à la France de résister aux efforts de l'Europe coalisée contre les institutions républicaines.

Et même, on peut dire que, à chaque révolution, la France, a baissé visiblement et qu'elle a perdu de sa force et de sa vitalité. Ainsi, il y avait en 1830 plus de force et de vitalité qu'en 1848; il y avait encore plus de force et de vitalité en 1848 qu'en 1870. En 1870, on a vu le lamentable spectacle qu'a présenté la capitale de la France. On a parlé de l'héroïsme du peuple de Paris. Quant à nous, nous pensons qu'un peuple a toujours le gouvernement qu'il mérite et, si l'on a après la révolution du 4 septembre maintenu jusqu'au bout Trochu et les autres membres du gouvernement de la Défense nationale insuffisants et incapables, c'est que l'on avait compris que Trochu ne voulait pas sérieusement se battre et qu'on était décidé à se livrer à l'ennemi.

Sans doute, il y eut parmi le peuple de Paris en 1870 des hommes qui, comme M. Gambetta en province, essayèrent de résister et sauvèrent l'honneur national; mais le nombre de ces hommes était petit, et ils ne purent empêcher la France de se soumettre au joug de l'étranger.

La raison de cet abaissement du niveau moral et matériel de la nation est, nous le répétons, dans la fréquence des révolutions toujours suivies de réaction. On avait cru, sur la foi de publicistes ou de tribuns trop prompts à s'enflammer, que le règne du droit et de la justice pouvait être établi par une révolution, et qu'il suffisait de renverser le gouvernement établi. On avait renversé ce gouvernement; mais un peu après, le même gouvernement, ou un autre dans les mêmes conditions, était rétabli. De là, des déceptions cruelles qui avaient, à la longue, usé la fibre patriotique de la nation, et qui l'avaient réduite à l'impuissance.

On dit que nous sommes régénérés, et il n'est que juste de reconnaître qu'il y a eu dans ces derniers temps de grands efforts pour le relèvement de la patrie; mais il y a encore beaucoup à faire, et la preuve en est dans l'anarchie qui règne aujourd'hui dans les idées et dans le défaut d'un terrain commun sur lequel tous les républicains pourraient se réunir et s'entendre.

Il est certain, en effet, que les républicains sont aujourd'hui divisés et qu'ils s'attaquent avec la même violence qu'ils attaquaient l'empire. Où irons-nous avec ces violences et ces divisions, et que deviendra la République? On dit que les républicains se réuniraient encore contre l'ennemi commun, et qu'ils vaincraient les partisans de la monarchie; mais ce n'est pas encore une fois par les partisans de la monarchie que la République peut être aujourd'hui renversée, c'est par le défaut d'organisation des républicains. Il faut à la

France un gouvernement, et, si les républicains ne pouvaient le lui donner, elle en demanderait un aux partisans de la monarchie.

Or, la France n'est pas aujourd'hui assez riche pour faire une révolution nouvelle et le renversement de la République serait la ruine de notre pays. Ah ! si nous ambitionnons le sort de la Grèce qui, vaincue par Rome, lui imposa ses idées et sut se l'assimiler, nous pouvons être tranquilles. Les principes proclamés par la Révolution française, le droit et la justice, la liberté et la souveraineté du peuple, dussions-nous être vaincus définitivement par le monde germanique, celui-ci par le monde slave et le monde slave lui-même par des hordes venues du fond de l'Asie ; les principes, disons-nous, proclamés par la Révolution française, le droit et la justice, la liberté et la souveraineté du peuple, triompheront et finiront par s'imposer au monde entier.

Mais si nous voulons continuer à former un corps de peuple, et éviter les hontes et les malheurs de la conquête et de l'asservissement, il faut renoncer à nos violences et à nos divisions, et entrer résolûment dans la voie de la liberté.

Il faut le dire, la liberté a, jusqu'aujourd'hui, été mal comprise, et on l'a considérée comme une négation. En 1789, et pendant les années qui ont immédiatement suivi, on l'a considérée comme la négation du droit des nobles, des prêtres et des anciens privilégiés. En 1848, on la considérait comme la négation de la bourgeoisie. Enfin, aujourd'hui, on la considère comme la négation du droit de ses adversaires et de tout gouvernement.

Il est certain, en effet, que si on considérait véritablement la liberté comme l'affirmation du gouvernement et du droit de chacun à exprimer son opinion, on n'injurierait pas comme on le fait ses adversaires, et on ne laisserait pas dégénérer en querelles ou en divisions la moindre divergence d'opinion.

Il faut aussi le dire, les républicains dans l'opposition ont jusqu'aujourd'hui manqué de courage et d'énergie, et ils n'ont pas osé dire la vérité à leurs amis et à ceux qui paraissaient penser comme eux et attaquaient le gouvernement. D'un autre côté, on a voulu dans les élections avoir l'appui des éléments violents qui pouvaient se trouver dans l'opposition, et on a tacitement conclu avec eux une alliance, sauf à les retrouver ensuite et à les combattre avec acharnement.

Où irons-nous avec ces alliances et ces compromissions, sinon à l'empêchement de tous gouver-

1.

nement régulier et à la ruine de la France et de la République. Sans doute, on a le droit de chercher à réunir autour de soi ses amis et ceux qui pensent comme vous et de formuler un programme sur les plus larges bases possibles ; mais l'on ne doit comprendre dans ce programme que les réformes acceptées par l'opinion publique, et qu'on pourrrait accomplir soi-même, si l'on arrivait au pouvoir.

Ainsi donc, plus d'alliances et de compromissions avec ces hommes qui ont la prétention de changer en un jour les conditions du gouvernement et de la société, et qui attaquent de parti pris tous les hommes du gouvernement. Plus d'alliances et de compromissions avec ces hommes qui ne procèdent que par l'injure, l'outrage et la calomnie, et dont le système conduit, qu'ils le veuillent ou non, à l'emploi de la force et de la violence.

Certes, il y a eu dans le passé des hommes éminents et dont le système conduisait aussi, qu'ils le voulussent ou non, à l'emploi de la force et de la violence ; mais ces hommes ont, lors de leur prise de possession du pouvoir, été débordés, et ils n'avaient fait que préparer le retour de la monarchie. Est-ce là ce que vous voulez, ô vous, nos maîtres et nos amis, qui êtes aujourd'hui dans l'opposition, et qui paraissez marcher avec ceux qui attaquent le gouvernement avec violence ; et êtes-vous bien sûr, si vous arriviez au pouvoir, de pouvoir maintenir le peuple et de n'avoir pas été qu'un moyen pour le rétablissement de la monarchie?

Ah! sans doute, on a des idées que l'on voudrait voir appliquer, et on est porté à accuser les hommes du gouvernement de trahison ou d'avoir abandonné les intérêts qni leur étaient confiés ; mais, outre que l'on est obligé à plus de réserve au pouvoir que dans l'opposition, les hommes du gouvernement sont tenus d'avoir une méthode et ils ne peuvent tout brouiller. Quel intérêt auraient-ils, d'ailleurs à trahir les intérêts qui leur sont confiés, et à abandonner leurs propres idées et leurs propres opinions? Celui de gaguer les voix de quelques réactionnaires? Mais n'ont-ils pas un intérêt plus grand à marcher d'accord avec leur propre parti, et n'est-il pas plus naturel de supposer que si quelques-uns ont paru changer d'opinion et devenir plus modérés, c'est qu'ils ont cru que l'intérêt de la République l'exigeait, et que le peuple n'était pas mûr pour les réformes et la liberté?

Ah! sans doute, les hommes du gouvernement peuvent se tromper, et il faut, d'un autre côté, reconnaître qu'il suffit qu'un homme arrive au pouvoir pour croire que tout est bien et qu'il n'y a rien à faire. Mais il ne faut pas pour cela attaquer avec violence les hommes du gouvernement, et chercher à les renverser; on ne doit que les pousser, et chercher à les amener à accomplir eux-mêmes les réformes et la liberté.

Trop souvent le peuple, en voyant des hommes tomber du pouvoir sans raison apparente ou sans qu'on sache pourquoi, s'est désintéressé de la politique et est devenu un instrument entre les mains des hommes de la réaction ou des révolutionnaires. Il faut, lorsqu'un homme tombe du pouvoir, que l'on soit en mesure de le remplacer et d'imposer à son successeur les réformes acceptées par l'opinion publique. Le gouvernement est en effet une question de mesure et de raison, et l'on doit toujours écouter la voix de l'opinion publique. Sans doute, le gouvernement s'exerce par la volonté des élus du suffrage universel, et tous les partis ont la prétention de représenter l'opinion publique; mais c'est aux hommes du gouvernement qu'il appartient de distinguer ce qui est véritablement demandé par l'opinion publique , et de réduire à l'impuissance leurs adversaires. Il est certain en effet que, le jour où une fraction considérable de la nation se détacherait du gouvernement et entrerait dans l'opposition, c'est que le gouvernement aurait cessé de marcher d'accord avec l'opinion publique, et qu'il ne représenterait plus que les intérêts d'une faction ou d'un groupe.

De ce jour, la force morale se serait retirée du gouvernement et aurait passé à l'opposition. De ce jour aussi, la responsabilité commencerait pour celle-ci, et ce serait à elle à diriger les évènements et à modérer le peuple. C'est parce que l'on n'a pas ainsi compris les règles du gouvernement et de l'opposition que la France s'est trouvé amenée à deux doigts de sa perte, et que la République n'a pu s'établir. En effet, qu'est-il arrivé ? Les gouvernements, au lieu de marcher d'accord avec l'opinion publique et d'accomplir les réformes et la liberté, ont voulu résister et comme nous l'avons dit, défendre les intérêts d'une faction ou d'un groupe.

De son côté l'opposition, au lieu de chercher à modérer le peuple et à diriger les évènements, a attaqué le gouvernement avec violence et a cherché à le renverser. Il en est résulté que le peuple, croyant que le gouvernement était le seul obstacle à l'accomplissement des réformes et de la liberté, et attendant tout de l'opposition, a renversé le gouvernement et mis les hommes de l'opsition au pouvoir.

Mais il s'est trouvé que les hommes de l'opposition ne pouvaient non plus accomplir les réformes et la liberté, et le peuple s'est retourné du côté de la réaction. En effet, sous la première République, les hommes qui étaient au pouvoir et qui avaient accompli de si grandes réformes dans l'ordre civil, se contentèrent, dans l'ordre politique, de déclarations de principes et ils renvoyèrent à la paix l'établissement de la liberté.

Napoléon n'eut qu'à changer le nom et la forme du gouvernement, pour établir son despotisme. Sous la seconde République, on établit le suffrage universel ; mais l'avenir seul peut nous apprendre si cette réforme, accomplie sans préparation et dans un moment où le peuple n'avait reçu aucune instruction, était opportune, ou si au contraire elle n'était point prématurée et si elle n'aura point été l'instrument de mort de la nationalité française. En effet, il est incontestable que les démocraties ont une tendance à se personnifier dans un homme et à croire que l'exercice de la liberté consiste dans la remise du pouvoir à cet homme. Le problème qui, aujourd'hui se pose aux républicains français est d'établir la liberté, et de maintenir la démocratie.

CHAPITRE II

Des conditions nécessaires en France du gouvernement de la République, et de la situation politique actuelle.

Avant d'aborder l'étude de quelques questions pour l'établissement en France de la République, il convient de déblayer le terrain de ce qu'on peut appeler la question Gambetta. Par la jalousie des uns, par la haine inavouée d'autres qui poursuivent dans M. Gambetta l'homme qui a personnifié avec le plus d'éclat la lutte contre l'empire et la résistance après le 24 mai et le 16 mai aux tentatives de restauration monarchique, enfin, par la crainte que peut inspirer à quelques-uns l'exagération possible du système préconisé par M. Gambetta et ses amis, par toutes ces raisons il y a, on ne peut le nier, une question Gambetta, et le nom de cet illustre homme d'Etat est devenu comme le thème obligé de tous ceux qui s'occupent de la politique et comme un obstacle à la solution de toutes les questions.

Qu'est donc M. Gambetta, et quelle est la valeur des accusations portées contre lui? M. Gambetta a, en 1867, commencé la lutte contre l'empire et, sans vouloir faire ici un sentimentalisme qui n'est pas dans nos habitudes, on peut dire que tous nos cœurs se portèrent vers lui lorsque pour la première fois dans le procès Baudin, il flétrit le crime triomphant et revendiqua avec une incomparable éloquence, les droits de la conscience humaine outragée.

En 1870, M. Gambetta essaya d'organiser la résistance contre l'ennemi et il sauva l'honneur national. En 1871, après la Commune, quand plusieurs commençaient à désespérer et croyaient tout perdu, quand d'autres, nous en connaissons, de ceux qui aujourd'hui montrent le plus d'*énergie* contre les opportunistes comme ils disent, parlaient de quitter la France et de s'expatrier, M. Gambetta fonda avec quelques-uns de ses amis le journal la *République française*, et recommença la lutte pour la défense des libertés publiques et pour le triomphe de la République dont l'existence même était menacée par les conspirateurs parlementaires qui siégeaient à Versailles.

Avec quel courage, quelle énergie, avec quel éclat cette lutte, notamment après le 24 mai et le 16 mai, fut soutenue par M. Gambetta et ses amis, tout le monde le sait, et nul de devrait l'oublier. M. Gambetta et ses amis ont pu avoir des torts, et commettre des fautes ; mais on n'injurie pas des hommes qui ont rendu de tels services à la France et à la République, et on ne peut que les discuter. Or, quel est le système préconisé par M. Gambetta et ses amis? C'est, il faut bien le dire, le système appliqué par les hommes de la Révolution française, par les chefs de la Convention nationale et les membres du Comité de salut public. Que l'on dise que ce système a fait son temps, et qu'il ne peut plus être appliqué; c'est une grave question, et qui mérite d'être débattue. Quelle est la raison mise en avant par les hommes de la Révolution française, par les chefs de la Convention nationale et les membres du Comité de salut public, pour établir un pouvoir fort, centralisateur, despotique même si l'on veut, c'est que ce pouvoir était nécessaire pour résister aux ennemis du dedans et du dehors, et pour fonder la République.

Croit-on que le pouvoir réclamé par les hommes de la Révolution française, par les chefs de

la Convention nationale et les membres du Comité de salut public, pour résister aux ennemis
du dedans et du dehors, et pour fonder la Répu
blique, soit moins nécessaire aujourd'hui qu'alors;
et n'est-il pas vrai au contraire que si l'on n'a
pas aujourd'hui à combattre par les armes pour
l'établisssement de la République, on a, comme
alors, à se défendre contre les intrigues des ennemis du dedans et du dehors, et que la question est
aussi difficile?

Ah! il y a, nous le savons, une école qui se ré-
clame de la Gironde et qui, comme les membres
de cette minorité de la Convention nationale, demande la décentralisation à outrance et veut réduire le gouvernement à néant. Parmi les membres de cette école, il se trouve des hommes d'une
grande valeur et, pour notre part, nous pensons
que tout ce qui est gagné sur le gouvernement et
les idées de l'autorité, est un progrès et profite à
la liberté. Mais il faut que le peuple comprenne
le progrès et la liberté, et qu'il puisse les défendre contre les entreprises de la réaction. Or, est-
ce là où nous en sommes aujourd'hui et n'est-il
pas vrai au contraire que le peuple n'a pas encore
compris la nécessité de défendre le progrès et la
liberté, et qu'il s'en servirait pour se livrer à ses
ennemis.

N'a-t-on pas vu en 1851 le peuple se servir du suffrage universel pour se livrer à Louis Bonaparte et, en 1871, n'a-t-il pas voté pour les partisans de la paix à tout prix, et pour ceux qui voulaient livrer à l'ennemi nos provinces de l'Alsace-Lorraine.

En 1870, après la révolution du 4 septembre, le parti républicain tout entier s'opposa, on se le rappelle, au projet du gouvernement de la Défense nationale de faire immédiatement les élections. En faisant les élections dans les conditions où nous sommes, disait en substance Blanqui dans le journal la *Patrie en danger*, le gouvernement ressemblerait à un général d'armée qui, sur le point de livrer bataille, consulterait ses soldats sur la question de savoir si l'on doit·ou non se battre ; la réponse ne serait pas douteuse.

Blanqui peut-être exagérait et avait-il tort de comparer la situation d'un peuple vaincu mais en armes, avec celle d'un général obligé de livrer bataille ; mais il s'agit de savoir ce que nous voulons et pourquoi nous avons établi la République.

Pendant longtemps il a été de mode, dans le parti républicain, de demander avant tout des réformes ; c'était une faute. Avant tout, il faut la liberté ; mais si l'on crie à la tyrannie et au pouvoir personnel aussitôt que quelqu'un sort des rangs du parti républicain et propose des réformes, que veut-on, que devienne la République, et comment pourra-t-elle justifier les espérances que son avènement a fait concevoir ?

Ah ! si celui qui sort des rangs du parti républicain et propose des réformes, menaçait la liberté et voulait établir le despotisme, il faudrait le combattre, et nous serions des premiers à proposer de nous réunir tous contre lui ; mais comment veut-on qu'un homme sorti des rangs du peuple et qui n'a d'autre force que la confiance que le peuple a en lui, soit un danger pour la liberté et puisse devenir un instrument du despotisme.

Non ! il ne faut pas se le dissimuler, si le parti républicain ne change pas de manière et s'il continue à attaquer tous ceux qui ont quelque valeur et qui peuvent rendre des services à la France et à la République, c'est fait de la France et de la République, et elles périront dans l'anarchie.

Déjà, sous la première République, on attaqua les meilleurs républicains et on les accusa de prétendre à la dictature. Bientôt, sous ce prétexte de la dictature, on eut successivement éliminé tous les chefs du parti républicain, toutes les individualités marquantes, tous ceux qui, à un moment donné, pouvaient réunir le peuple et lui faire opposer un front infranchissable à la réaction ; puis, quand le parti républicain eut été réduit à l'état de masse inerte, qu'il ne présenta aucune cohésion ni aucune consistance, la réaction n'eut qu'à faire un pas, et le fantôme de gouvernement qui était devant elle et qui s'appelait la République, s'évanouit et fit place à la monarchie.

Il est vrai qu'on s'aperçut alors de son erreur, et qu'on rendit justice aux chefs du parti républicain renversé. Billaud-Varennes, exilé à Cayenne et écrivant ses *Mémoires*, rendait justice à Robespierre et se reprochait amèrement d'avoir contribué à la mort et à la chute de ce grand patriote comme il l'appelait.

Plus tard, quand la seconde République eut été renversée et que Ledru-Rollin fut en exil, on rendit aussi justice à ce grand citoyen, et on reconnut qu'il avait été un fidèle et dévoué serviteur de la France et de la République.

N'attendons donc pas que la troisième République ait été renversée, pour rendre justice aux hommes éminents qui se présentent pour la fonder. Est-ce à dire qu'il ne faut point surveiller ces hommes, et veiller à ce qu'ils ne s'écartent pas de leur programme? Non. Nous n'avons jamais prétendu que Robespierre, Ledru-Rollin, les hommes éminents dont nous parlions tout à l'heure, n'aient pas commis des fautes ; mais c'est une mauvaise manière d'entendre la politique que de tenir d'avance en suspicion des hommes qui ont été honorés de la confiance du parti républicain, et de ne pas leur accorder une certaine latitude.

Il ne faut pas ensuite se réjouir de leurs fautes, et les traiter en ennemis ; il faut au contraire les considérer comme des amis dont on est solidaire, leur aplanir les difficultés, les éclairer, en un mot, leur faciliter le gouvernement, de manière que, s'ils tombent du pouvoir, ils soient remplacés par des républicains plus avancés et qui ne laissent pas péricliter entre leurs mains l'œuvre des réformes et du progrès.

Or, est-ce là, nous le demandons, ce qui est arrivé lors du renversement du ministère formé par M. Gambetta, et n'est-il pas vrai au contraire que ce ministère a été remplacé par un ministère moins avancé ? Certes, nul plus que nous ne respecte les hommes honorables ou illustres qui composent le cabinet actuel et nous reconnaissons même que plusieurs d'entre eux ne seraient pas déplacés dans un ministère formé par M. Gambetta ; mais enfin ce n'est pas faire injure à ce cabinet de dire que c'est un cabinet du centre-gauche, et qu'il devrait précéder et non suivre un cabinet Gambetta ou de l'union républicaine.

Que l'on dise que le cabinet actuel, étant donné le renversement du ministère de l'union républicaine, était le seul possible, cela est vrai; mais pourquoi, ô vous tous nos maîtres et nos amis qui êtes aujourd'hui dans l'opposition avancée, et qui siégez dans la Chambre à l'extrême gauche, avez-vous renversé M. Gambetta, alors que vous ne pouviez remplacer M. Gambetta et que M. Gambetta ne demandait d'ailleurs que ce qui était inscrit sur votre propre programme !

On est obligé de le reconnaître, le renversement de M. Gambetta par les républicains plus avancés a été une faute et elle a eu pour conséquence d'occasionner un arrêt dans la marche des affaires du parti républicain, et de le faire pour ainsi dire piétiner sur place.

En effet, comment veut-on que les honorables citoyens qui composent le cabinet actuel montrent de l'énergie pour l'accomplissement des réformes, alors qu'eux-mêmes, pour la plupart, considèrent ces réformes comme dangereuses ou inutiles.

D'un autre côté, quand les républicains plus avancés auront cessé de soutenir le ministère actuel ou qu'ils l'auront renversé, seront-ils plus en situation de le remplacer qu'ils ne l'étaient quand ils ont renversé M. Gambetta? Et si non, comment pourront-ils empêcher M. Gambetta de reprendre le pouvoir? Dans les deux cas, on est fondé à dire que le parti républicain aura perdu son temps et qu'il reviendra au point où il était lors du renversement du ministère de M. Gambetta.

Maintenant, que M. Gambetta reprenne le pouvoir, il n'y a là rien que de bon et d'heureux. M. Gambetta appliquera ses idées, celles de son groupe, ce qu'il croit être dans l'intérêt de la France et de la République; de son côté, le parti républicain plus avancé formulera un programme, critiquera les actes de M. Gambetta et de ses amis, tâchera de se montrer capable de les remplacer. La France jugera! Mais que l'on soit calme et prudent, que l'on se montre digne de la liberté qu'on veut conquérir, qu'on songe enfin qu'il s'agit du salut de la France et de la République.

CHAPITRE III.

De quelques questions à l'ordre du jour, et en particulier de la révision de la Constitution.

Avant d'aborder l'étude de la question de la révision de la Constitution, nous ne pouvons nous empêcher de remarquer avec étonnement que c'est le parti qui prétend, avec juste raison, fonder le gouvernement sur l'opinion publique, et qui croit être le plus dégagé des préjugés, qui attache aussi aux textes une importance exagérée et a en eux une sorte de foi mystérieuse.

Qu'est donc la loi constitutionnelle,' et quelle est son importance au point de vue de la société moderne?

La loi constitutionnelle est une transaction entre les forces monarchiques qui détenaient le pouvoir, et les forces républicaines qui voulaient y arriver.

Or, quelle force aurait une constitution qui donnerait aux républicains un pouvoir plus grand que celui auquel l'état des mœurs et de l'opinion publique leur permettrait de prétendre ? Cette force, on l'a vu au 18 brumaire et au 2 décembre, serait nulle. N'est-il pas vrai en effet que si, à ces deux époques, la constitution républicaine qui régissait la France avait été réellement appropriée aux mœurs et aux besoins de la nation, il n'aurait pas suffi de quelques bataillons pour la renverser et que Napoléon III et Napoléon 1er auraient échoué dans leur criminelle entreprise?

Nous concluons qu'il faut s'attacher moins aux textes qu'à l'esprit public et que, pourvu qu'une constitution garantisse aux citoyens la liberté et qu'elle leur permette de l'améliorer, il faut s'en contenter. Or, la constitution actuelle garantit-elle aux citoyens la liberté, et leur permet-elle de l'améliorer ? Il est vrai, on peut désirer pour le Sénat un autre mode d'élection ou d'autres attributions, notamment en matières budgétaires ; on peut même désirer sa suppression totale Mais ce sont là des questions qui n'ont d'autre importance que celle que le Sénat lui-même voudra bien leur donner. En effet, si le Sénat marche dans le sens républicain, s'il se contente de critiquer l'exagération qui pourrait se produire dans certains systèmes ou d'empêcher d'inscrire dans la loi des mesures hâtives, mal étudiées, qui pourraient apporter dans le pays une perturbation, il n'y aurait aucune raison pour le condamner.

Mais si le Sénat résiste; s'il veut empêcher d'inscrire dans la loi des mesures justes et raisonnables, s'il s'oppose à toutes réformes et à tout progrès, si, en un mot, il se met en état d'hostilité avec le sentiment unanime de la nation représentée par le suffrage universel, et s'il devient un danger pour la France et la République, il faudra le supprimer.

Toutefois, on peut dès maintenant demander que le Sénat soit élu d'une façon qui ne choque pas le bon sens et la raison, et qu'il ne se tienne pas aussi éloigné de l'opinion publique. On veut que le Sénat soit tenu à une certaine distance de l'opinion publique, qu'il ne la subisse pas directement, qu'il puisse résister aux entraînements du suffrage universel; mais il faudrait que toutes les proportions fussent gardées et qu'il n'y eût pas une aussi grande différence par exemple entre Paris, qui compte plus de deux millions d'habitants, et une commune de deux ou trois cents habitants.

2.

Le mieux serait de faire élire le Sénat directement au scrutin de liste par les conseillers municipaux, les conseillers d'arrondissement, les conseillers généraux et les députés de chaque département, en prenant pour base du nombre des sénateurs, le chiffre de la population. Cette mesure, qui est simple et logique, aurait l'approbation de l'esprit français et elle serait très politique. Ensuite, il faudrait, à cause de l'accroissement des forces du Sénat provenant de son élection au second degré, limiter expressément ses droits en matières législatives y compris et surtout le budget.

Le Sénat ne devrait pas avoir d'autre droit que celui de renvoyer à la Chambre des députés une loi votée par celle-ci, et en l'invitant de nouveau à délibérer. Si la Chambre, après une nouvelle délibération, persistait, la loi serait votée définitivement et elle devrait recevoir son exécution. Dans le cas contraire, elle serait ajournée de droit et elle ne pourrait être représentée que dans les limites du réglement de la Chambre des députés.

Mais ce sont là, nous le répétons, des questions qui n'ont d'autre importance que celle que le Sénat voudra bien leur donner et il n'y a point de questions de principes. L'important, pour le parti républicain, est que la République paraisse bien un gouvernement assis et qu'elle ne soit pas toujours à la merci des événements. Quand l'opinion publique aura compris que la République est véritablement un gouvernement définitif, et qu'il n'y aura plus à redouter les fluctuations ou les courants contraires du suffrage universel, il n'y aura aucun danger à agiter, et on pourra être sûr d'avoir raison de toutes les résistances et de toutes les attaques.

CHAPITRE IV

**De la nécessité du scrutin de liste pour l'é-
lection de la Chambre des députés, et de ce
qu'on appelle la politique autoritaire.**

On a, pendant la discussion qui eut lieu devant la dernière Chambre des députés au sujet du
scrutin de liste, rapporté que l'illustre M. Jules
Grévy, président de la République, avait dit que
le scrutin d'arrondissement ayant fait la République actuelle, il convenait de garder ce dernier
mode de scrutin et d'ajourner le scrutin de liste ;
en résumé, pour M. le Président de la République,
le scrutin de liste est l'idéal, et le scrutin d'arrondissement le moyen pour y arriver.

Or, à supposer que M. le Président de la République ait en effet tenu le propos qu'on lui prête,
nous dirons, avec tout le respect que nous pro-
fessons pour la personne et le caractère de l'illustre M. Jules Grévy, que notre opinion est

tout-à-fait opposée et que, pour nous, l'idéal est le scrutin d'arrondissement et le scrutin de liste le moyen pour y arriver.

En effet, le véritable idéal serait que chacun se gouvernât soi-même ou eût une part directe dans le gouvernement, et le mieux est ce qui nous rapproche le plus de cet idéal. Or, il est incontestable que le scrutin d'arrondissement qui met eu présence l'électeur et l'élu, qui permet à celui-là d'imposer à celui-ci sa volonté ou mêmes ses caprices, qui l'oblige à défendre ses intérêts personnels ou les intérêts de son clocher, qui, en un mot, fait de l'élu une sorte de mandataire particulier ou d'agent d'affaires de l'électeur dans la capitale, il est incontestable, disons-nous, que le scrutin d'arrondissement se rapproche plus du gouvernement direct ou de l'absence de tout gouvernement que le scrutin de liste qui laisse une large part à l'Etat, qui permet au député de résister aux influences de clocher et de défendre les intérêts généraux de la nation, qui, en un mot, éloigne plus l'électeur de l'élu.

Mais il s'agit de savoir si nous sommes dans dans un tel état idéal de vertu politique et de désintéressement, où nous n'avons pas besoin d'être contraint et où nous pouvons accomplir nos de-

voirs envers nous-même et envers la société
Or, nous le demandons à nos amis et à tous
ceux qui veulent bien nous lire, n'est-il pas vrai
que, même dans les plus petites choses et dans
celles qui nous tiennent le plus à cœur, nous ne
pouvons nous élever au-dessus de nous-même et
nous débarrasser assez de nos préjugés pour
prendre une résolution virile, et pour conformer
nos actes à nos paroles.

Ainsi, il y a une question qui nous intéresse
tous d'une manière particulière, nous voulons
parler de la séparation de l'Eglise et de l'Etat, et
de l'éducation. Or, qui de nous n'a un ami, un
voisin, un parent qui, faisant profession du
républicanisme, néglige de faire élever ses enfants dans les principes de la société nouvelle et
les laisse livrés au catholicisme?

Ah! sans doute, il y aurait des déchirements
dans la famille et nous pensons que l'époux, qui
doit montrer une certaine fermeté, ne doit pas
pourtant aller jusqu'à la tyrannie et qu'il doit
laisser à l'épouse une certaine liberté; mais nous
concluons que l'époux a besoin contre l'épouse,
qu'il a besoin contre lui-même de l'appui de
l'Etat.

Au point de vue général, n'a-t-on point vu, il y

a quelque temps, des députés élus au scrutin d'arrondissement demander au Ministre de la guerre, sous le prétexte de vendanges, une dispense pour des jeunes gens de leur circonscription qui allaient être appelés dans la réserve de l'armée active!

N'a-t-on point vu des députés s'opposer à la réforme de la magistrature, uniquement pour conserver au siège de leurs circonscriptions des tribunaux dont plusieurs ne jugent qu'un nombre absolument dérisoire d'affaires par an? N'a-t-on point vu, pendant la guerre de 1870-1871, des idées séparatistes se produire? N'a-t-on point remarqué dans certaines provinces une tendance à particulariser la défense? Non! sous le coup de la nécessité, pour défendre la France contre ses propres entraînements et sa propre faiblesse, la grande Convention nationale resserra encore le lien qui unissait entre elles les différentes parties de la nation et elle proscrivit jusqu'au mot de la fédération. Il faut décentraliser, c'est-à-dire donner aux communes, ou aux cantons devenus des communes et remaniés, et aux départements, le droit de s'administrer eux-mêmes, ou l'autonomie; mais à la condition que le pouvoir politique sera devenu plus fort. En d'autres termes, on ne doit pas décentraliser avant d'avoir rétabli le sorutin de liste.

CHAPITRE V

De la séparation de l'Eglise et de l'Etat.

Il est certain qu'on n'a pas résolu la question de
la séparation de l'Eglise et de l'Etat, quand on
a dit que celui qui ne croit pas aux principes de
l'Eglise ne doit pas contribuer aux charges de son
enseignement. En effet, le quaker, qui ne veut de
la guerre à aucun prix, est obligé de se laisser in-
corporer dans l'armée et d'aller sur les champs de
bataille défendre l'honneur et les intérêts de la
France. Le partisan de l'élection de la magistrature, celui d'une réforme radicale de la police,
sont aussi obligés de contribuer pour leur part à
l'entretien de ces deux institutions telles qu'elles
existent.

La question est donc, pour l'Eglise, de savoir si
elle est aujourd'hui un service public, et si elle ré-
pond à un besoin de la société moderne. Or, qu'on
le veuille ou non, il y a quatre-vingt treize ans,

on a proclamé le principe de la souveraineté du peuple, c'est-à-dire le droit pour les sociétés humaines de se gouverner en dehors de toute religion et de toute métaphysique, et il faudra que ce droit finisse par être appliqué. Des sociétés humaines pourront mourir à la peine, mais elles ne retourneront point à l'Eglise et elles chercheront toujours à déblayer le terrain des débris du vieux monde qui les empêchent de s'organiser. Certes, il n'était point facile, en 1789, de fonder la société en dehors de toute religion et de toute métaphysique. L'Eglise avait fait la France. Les premiers rois ou chefs francs avaient accepté d'elle l'investiture, et ils étaient devenus des *evêques extérieurs* chargés d'assurer l'exécution des décisions de l'Eglise. Toute la législation s'était inspirée des principes de l'Eglise, et on avait vu des rois renversés pour avoir essayé de lui résister et de se rendre indépendants.

Aussi quand, à la Révolution, on eut renversé la royauté, on s'aperçut qu'il n'y avait rien de fait et que l'Eglise était toujours devant la société française. En effet, soit qu'il s'agît de défendre les biens ou les privilèges du clergé, soit qu'il s'agît de le soumettre au droit commun ou de lui imposer comme fonctionnaire le serment, l'Eglise est sur la brèche et elle combat contre les hommes de la Révolution. On retrouve la main de l'Église dans tous les troubles qui ont marqué l'époque de la première République, et elle cherche à fomenter des insurrections et des émeutes. La grande insurrection de la Vendée qui, à cause de sa similitude, et de sa coïncidence avec la guerre étrangère et avec tant d'autres insurrections, aurait, sans l'énergie indomptable des hommes de la Révolution, réussi, fut, en grande partie, l'œuvre de l'Église.

Le premier empire, dont le fondateur avait d'abord été salué par l'Église comme un nouveau Charlemagne, comme le restaurateur du culte et des autels, fut, quand elle s'aperçut que Napoléon ne voulait pas pourtant descendre au rôle de son vassal, combattu par l'Église et elle chercha par tous les moyens possibles à précipiter sa chute.

La Restauration elle-même, qui n'était pas suspecte d'hostilité envers l'Église, mais qui ne pouvait pourtant lui abandonner les principes sur lesquels repose la société moderne, fut combattue par l'Église. Le gouvernement de Louis-Philippe, fut, pendant toute sa durée, obligé de résister aux entreprises de l'Église. On sait avec quelle allégresse l'Église accueillit la proclamation de la

République en 1848, et comment elle bénit les arbres de la liberté ; on sait aussi que l'Église accueillit avec non moins d'allégresse l'établissement du second empire, et comment elle se prosterna aux pieds de celui qui venait de renverser la République. Toutefois le second empire, qui ne pouvait non plus abandonner les principes essentiels de la société moderne, fut également combattu par l'Église.

Enfin, on sait la part qu'a eue l'Eglise dans les deux tentatives de restauration monarchique du 24 mai et du 16 mai, et comment elle a engagé avec la troisième République une lutte qui paraît devoir être décisive. Il est certain que l'Eglise, au point de vue où elle se place, ne peut faire autrement que de lutter et de chercher à courber sous sa loi, les peuples et les individus. Instituée par Dieu pour faire régner parmi les hommes les vérités qu'il lui a révélées, l'Eglise manquerait à sa mission si elle laissait les sociétés humaines s'organiser en dehors de ces vérités ou de la religion.

Il n'y a pas à discuter cette doctrine ; on ne peut que la rejeter ou s'y soumettre. Si l'on accepte la doctrine, il faut renoncer à la liberté et à l'indépendance, et retourner demander des lois à l'Eglise. Si, au contraire, on la rejette, il faut tâcher de s'organiser librement et supprimer dans notre société tout ce qui a trait à la religion ou à la métaphysique. Aussi bien, nous n'avons pas le choix et, comme nous l'avons dit, il y a quatre vingt-treize ans, la société française s'est vu placer entre l'alternative de s'organiser en dehors de toute religion et de toute métaphysique, ou de mourir. Maintenant quel est, dans la situation où nous sommes, le moyen pour arriver à fonder la société en dehors de toute religion et de toute métaphysique, et pour accomplir l'œuvre de la séparation de l'Eglise et de l'Etat?

Certes, la question aujourd'hui encore n'est pas facile; car si l'Eglise, au point de vue du droit, n'existe pas dans notre société, elle y occupe en fait une place importante. En effet, l'Eglise conduit l'homme du berceau à la tombe; elle le baptise; elle fait son éducation; elle le marie; enfin, elle préside à ses funérailles. On dit qu'il y a pour les naissances, les mariages et les décès, des officiers de l'état-civil et, pour l'instruction, des instituteurs, et qu'on n'est pas obligé de s'adresser à l'Eglise; mais l'usage a, jusqu'aujourd'hui, prévalu et on n'est guère plus avancé sous ce rapport qu'à la Révolution. Certes, on ne croit pas aux dogmes ou aux principes enseignés par l'Eglise ; mais on veut que ses enfants y croient, ou on agit comme si l'on voulait qu'ils y croient ; on n'est pas non plus fâché que sa femme paraisse avoir de la religion, et qu'elle suive les cérémonies de l'Eglise. D'un autre côté, on croit que l'Eglise est un obstacle à la revendication des classes populaires et qu'elle empêche la révolution sociale. Par toutes ces raisons, l'Eglise a encore un pouvoir de fait considérable et avec lequel il faut compter.

A un autre point de vue, l'Eglise nous tient liés par ses dimanches et ses jours de fête, qui ont été acceptés par l'Etat et qui sont devenus pour tous des jours de chômage. En cas de la séparation de l'Eglise et de l'Etat, maintiendra-t-on ces jours de chômage et se donnera-t-on le ridicule de conserver les jours de fête et les dimanches de l'Eglise, alors qu'on prétend vivre en dehors d'elle et qu'on la rejette de son sein ?

Et si l'on établit d'autres jours de chômage, comprend-on toute la force qu'il faut à un gouvernement pour changer les habitudes de la nation et pour l'amener à adopter une nouvelle manière de vivre ?

Et pourtant, il le faut. Il faut que la société française s'organise sur la base de la souveraineté du peuple, et qu'elle ne reste pas perpétuellement tiraillée entre deux principes contraires. L'Eglise, est, en effet, un pouvoir politique et elle prétend pouvoir se suffire à elle-même ; elle a pu marcher d'accord et vivre en bonne intelligence avec des pouvoirs qui avaient le même principe et qui prétendaient avoir la même origine ; mais elle ne peut que rester en état d'hostilité avec des pouvoirs issus de la souveraineté du peuple, et chercher à les renverser.

Des pouvoirs intermédiaires ont pu essayer de vivre en bonne intelligence avec l'Eglise, mais parce que ces pouvoirs n'avaient pas d'autre prétention que de durer quelques années et qu'ils espéraient pouvoir tromper la démocratie.

La République actuelle à la prétention de pouvoir faire vivre la démocratie, et d'établir un gouvernement définitif ; aussi, elle doit demander â ses hommes d'Etat de n'avoir pas d'illusions ou de ne pas agir comme s'ils avaient des illusions, et de marcher d'un pas ferme dans la voie de la séparation de l'Eglise et de l'Etat. Quant à nous, pénétré autant des difficultés que de l'importance de l'entreprise, nous applaudirons à tous les efforts qui seront faits dans ce sens et nous nous bornerons à critiquer les mesures qui s'éloigne-

3.

raient du but. Aujourd'hui, ce qu'il y a selon nous à faire, c'est de supprimer les privilèges de fait dont jouit le clergé, tels que l'exemption du service militaire. Demain on suppprimera le budget des cultes et l'on pourra rompre les derniers liens qui nous rattachent à l'Église. Mais, pour pouvoir dans la société moderne se passer de l'Eglise, il faut faire l'éducation du peuple. On a, dans ces derniers temps, voté des lois sur l'instruction publique et on y a affecté des sommes considérables; mais ces lois et cette affectation, qui sont d'ailleurs excellentes, ne peuvent suffire à remplir le but que l'on se propose. On peut, en effet, savoir lire et écrire, et n'avoir aucune connaissance des principes sur lesquels la société repose. C'est l'enseignement de ces principes qui constitue l'éducation, et c'est celui qu'il faut donner au peuple.

CHAPITRE VI

De l'Education républicaine du peuple.

L'éducation est, comme nous l'avons dit, l'enseignement des principes sur lesquels la société
repose. Dans l'ancienne société, l'Eglise était
chargée de faire l'éducation du peuple et elle lui
enseignaitle principede l'autorité, et la soumission
aux pouvoirs établis par Dieu et reconnus par
l'Eglise.

Tout, pour l'Eglise, était matière à éducation.
Les cérémonies du culte, l'administration et la
préparation aux sacrements, l'enseignement de
l'histoire et des arts, le dessin, la peinture et
la sculpture, tout convergeait vers le même but
qui était la glorification du prince et de l'Eglise,
et la consolidation de leur pouvoir.

On comprend combien était fort un tel système

d'éducation, et comment l'ancienne société a pu résister à tant d'années d'attaques et de révolutions. On comprend aussi que la nouvelle société n'a pu s'organiser, et qu'elle n'a eu qu'une existence de fait entremêlée de révolutions qui se succèdent avec une régularité déplorable.

En effet, qu'a-t-on fait, depuis 1789, pour faire connaître au peuple les principes sur lesquels la nouvelle société repose? Il est vrai, on a critiqué les gouvernements et on a pu faire comprendre au peuple qu'il avait le droit rigoureux de les renverser; mais on s'est arrêté là et l'on n'a pas enseigné au peuple la sagesse, la modération, la prudence, en un mot, toutes les vertus sans lesquelles on ne peut fonder la République et établir le gouvernement.

Il ne faut pas croire en effet que, parce qu'on a changé la forme du gouvernement, on a changé aussi les mœurs et que le peuple est devenu républicain. Il est certain au contraire que le peuple est resté monarchiste et la preuve c'est que, à chaque fois que la République a été proclamée, elle a été jusque dans ces derniers temps renversée et que l'on est revenu à la monarchie.

Croit-on encore une fois que si, au 18 brumaire et au 2 décembre, le peuple avait réellement été républicain, les deux Napoléon auraient pu faire leurs coups d'Etat et établir l'empire? Croit-on que si la République était aujourd'hui renversée, le peuple résisterait à l'évènement et qu'il serait le lendemain républicain ?

Nous concluons que les chefs du parti républicain depuis 1789 n'ont pas fait tout leur devoir, et qu'ils n'ont pas fait connaître la vérité au peuple. C'est en effet aux chefs du parti républicain, à ceux qui se présentent pour régénérer la société, qu'il appartient de faire l'education du peuple et de lui enseigner les principes sur lesquels la société aujourd'hui repose. Sans doute l'Etat a, dans cette grave affaire de l'éducation républicaine du peuple, un rôle important à remplir; ainsi, il doit expurger, dans les livres qui servent à l'instruction publique, tout ce qui a trait à la religion ou à la métaphysique; il doit en outre préparer, au moyen de l'enseignement primaire, les jeunes générations à la connaissance des vérités sociales.

Mais, on le comprend, s'il fallait attendre que les jeunes gens ou, pour mieux dire, les enfants à qui s'adresse l'enseignement primaire, fussent en état de soutenir la République, on pourrait craindre de la voir renverser. C'est donc, comme nous l'avons dit, aux hommes politiques, aux chefs du parti républicain, qu'il appartient de faire l'éducation du peuple et de lui enseigner les principes sur lesquels la société aujourd'hui repose. Sans doute, ces principes sont, suivant les temps, susceptibles de diverses applications et ainsi, sous l'empire, on ne pouvait demander autre chose que la liberté.

Mais il ne faut pas que le peuple puisse croire qu'on le conduit à une révolution, et qu'il n'y a pas d'autre moyen pour sortir de la difficulté. Il faut, au contraire, que le peuple comprenne qu'on veut l'organiser et que la révolution, si elle a lieu, soit le résultat, non d'efforts violents pour renverser un gouvernement, mais de tentatives faites pour en fonder un autre. Pour cela, les chefs du parti républicain doivent se tenir en relation constante avec le peuple, ds manière à pouvoir le diriger, l'arrêter, et à ce que la révolution, si elle doit fatalement avoir lieu, ne soit pas suivie d'une réaction. Et ce que nous disons ici du parti républicain vis à vis de la monarchie, nous le disons également des divers groupes du même parti vis-à-vis de celui d'entre eux qui est au pouvoir. N'est-il pas honteux aujourd'hui de voir des républicains, ou des hommes qui se disent tels, attaquer avec violence les chefs du parti au pouvoir et tous ceux qui émergent, et chercher à déverser sur eux l'injure et la calomnie?

Pour notre part, nous nous refusons à croire que ces hommes sont de véritables républicains et, si nous ne connaissions les entraînements auxquels peuvent donner lieu la haine, le parti pris, et les besoins de la polémique de chaque jour, nous n'hésiterions pas à les considérer comme des agents de la réaction.

En effet, ne sont-ce point les vrais ou prétendus républicains dont nous parlons qui, en flattant les passions et en poussant le peuple à la révolte contre les lois du pays, le conduisent fatalement devant les canons de la réaction ou le font déporter en masse à la Guyanne et à la Nouvelle-Calédonie?

Et, si quelques-uns d'entre eux ont pu, malgré eux, — car tous n'ont pas, le jour où ils peuvent reconnaître qu'ils se sont trompés et qu'ils ont conduit le peuple à l'abîme, l'héroïsme de Delescluze! — se trouver parmi les victimes, ce n'est pas une raison suffisante. En effet, après les évènements terribles auxquels nous avons assisté et qui ont failli amener la ruine de la France et de la République, — nous voulons parler de la Commune ! — il n'est plus permis de s'y tromper et de croire que l'on peut employer la force pour fonder le gouvernement et la société.

D'un autre côté, c'est une chose sérieuse et grave que de faire l'éducation républicaine du peuple, et celui qui se donne à lui-même cette mission doit comprendre qu'il assume une lourde responsabilité. Ce n'est pas, en effet, en jonglant avec des phrases, en faisant des jeux de mots ou d'esprit, et en injuriant ceux qui portent le poids du jour ou des affaires et qui eux du moins cherchent à organiser, que l'on arrivera à fonder la République et à établir en France le gouvernement ; c'est en étudiant sérieusement toutes les questions, en exprimant sur chacune d'elles son opinion consciencieuse et réfléchie, enfin, en enseignant au peuple le respect de la loi et, comme nous l'avons dit, la pratique de toutes les vertus républicaines.

Pour notre part, nous sommes prêts à saluer quiconque voudra sur ces bases travailler à l'établissement de la liberté et de la République.

CHAPITRE VII.

Du rôle de l'Etat dans l'éducation républicaine du peuple.

L'Etat doit, comme nous l'avons dit, expurger dans les livres qui servent à l'instruction publique, tout ce qui a trait à la religion ou à la métaphysique; il doit, en outre, préparer les jeunes générations à la connaissance des vérités sociales.

Pour cela, l'Etat doit, dans les écoles, établir des programmes où, par exemple, l'histoire, tout en faisant connaître la grandeur et la nécessité qu'ont pu avoir les régimes qui se sont succédé en France et dans le monde depuis le commencement de la civilisation, fera une part à la critique et proclamera la souveraineté du peuple.

N'est-il pas vrai que, dans les histoires anciennes, le peuple est comme oublié et qu'on ne s'y occupe que des rois, des prêtres ou des guerriers?

Sans doute, le peuple avant la Révolution française, n'existait pas et on ne pouvait guère s'occuper de lui dans l'histoire ; mais il faut aujourd'hui raconter ses commencements, expliquer comment il est arrivé à la vie politique et comment il est entré en possession de l'histoire. Il faut aussi faire connaître l'œuvre des philosophes, et raconter comment ils sont arrivés à changer les conditions du gouvernement et de la société.

On comprend avec quelle prudence, quelle sagesse et quelle modération, l'histoire devra, dans l'école, parler des hommes qui ont fondé des peuples et des religions, et qui, hier encore, étaient considérés comme des dieux ; mais on ne doit à ces hommes que la vérité, et, pour notre part, nous dirons avec le calme et la modération qui conviennent à un pareil sujet et qui sont dans nos habitudes, mais aussi avec la fermeté que donne une conviction profonde, que là est le nœud de la question, et que, tant que l'on n'aura pas, sur ce point, changé l'éducation, on n'aura rien fait.

La Révolution française, en effet, ne s'est pas

faite pour enrichir ou changer les positions de quelques individus. Fille des philosophes et héritière des trésors de la civilisation, elle a voulu changer l'esprit humain. Il n'y aurait point eu, en 1789, de révolution violente ou politique, que la bataille aurait continué sur le terrain des idées et que l'on serait arrivé à un meilleur résultat.

De quoi s'agissait-il donc, dans cette lutte qui s'appelle la Révolution française et qui aurait pu n'être qu'une bataille sur le terrain des idées? D'affranchir, comme nous l'avons dit, l'esprit humain; de mettre l'homme, l'esprit délivré des préjugés et de la superstition de l'ancien régime, en face des nécessités de la vie et prêt à prendre part à la lutte pour l'existence ou l'organisation de la société.

Mais que veut-on que vienne faire, dans la lutte pour l'existence ou l'organisation de la société, un homme qui peut être encore effrayé au spectacle des phénomènes de la nature, et dont l'esprit est esclave de la superstition et des préjugés? N'est-il pas certain que cet homme est vaincu d'avance et avec lui la société tout entière au grand profit de ceux qui ne vivent que de la superstition et des préjugés?

Non ! vous avez beau, illustre Gambetta, déployer vos rares talents comme homme d'Etat et montrer le plus grand esprit politique ; vous avez beau, illustre Grévy, montrer votre honnêteté, votre droiture, votre rare bon sens et votre parfaite dignité ; vous avez beau, illustre Jules Ferry, déployer la plus grande habileté, la plus grande intelligence et la plus grande ténacité pour fonder en France un système d'instruction qui ne soit pas entièrement livré aux mains du parti clérical, vous n'arriverez pas à fonder la République et vous ne pourrez que suivre les errements de la monarchie.

Vous pourrez, comme la monarchie, tenter quelques timides réformes et essayer, aussi comme la monarchie, de maintenir l'ordre au dedans et la paix au dehors ; mais vous n'arriverez pas à satisfaire l'opinion publique et vous serez toujours critiqués.

Les divers gouvernements qui se sont succédé en France depuis 1789 avaient bien aussi le désir de vivre, et ils n'avaient aucun intérêt à résister à l'opinion publique. Et pourtant, ils sont tombés ! La vérité est que l'opinion publique est depuis longtemps inquiète, susceptible ; elle comprend que les gouvernements ne lui donnent pas satisaction, et elle s'irrite. La société se sent tiraillée entre l'ancien principe vers lequel elle ne peut pas retourner, et le nouveau principe, sur lequel elle ne peut s'asseoir, et elle s'agite dans des convulsions qui ressemblent à l'agonie.

Il faut, pour remédier à cet état de choses et asseoir définitivement la société, que le peuple comprenne que toutes les réformes et l'amélioration des conditions dans lesquelles se trouvent la société sont subordonnées aux lois qui régissent la société elle-même, et qu'il n'y a d'autre progrès que celui qui est fait par et pour la liberté.

Sans doute, c'est aux hommes politiques que revient la principale part dans cette éducation républicaine du peuple; c'est à eux, comme nous l'avons dit, qu'il appartient d'entrer dans les détails et de traiter, avec autant de calme et de modération que de fermeté et d'énergie, sans parti-pris, exagération ou faiblesse, les diverses questions à l'ordre du jour, en un mot, de conduire et diriger le peuple.

Mais l'Etat doit, aussi comme nous l'avons dit, préparer les jeunes générations à la connaissance des vérités sociales et leur enseigner les principes de la science dont l'explication leur sera donnée plus tard par les hommes politiques. Ainsi, l'Etat dans l'histoire doit faire connaître les causes de la grandeur et de la décadence des peuples anciens, de manière à développer l'esprit des jeunes générations et à leur faire comprendre leurs devoirs au milieu de la société dont ils devront faire partie.

Que veut-on que vienne faire, dans la société nouvelle, un homme à qui, étant enfant, on a par exemple enseigné que c'est en punition de leurs péchés que les Juifs ont été conquis par les Romains, ou que c'est pour permettre à l'Eglise de dominer dans le monde entier que l'empire romain est tombé en dissolution ?

N'est-il pas certain que cet homme est un empirique et qu'il ne verra, dans les hommes qui sont placés à la tête des affaires du pays et qui sont chargés de faire exécuter la loi, que des ennemis contre lesquels on a le droit de se révolter et d'employer la force ?

Et, en effet, quand on réfléchit d'une part à l'enseignement qui est encore donné dans les écoles et, de l'autre, au spectacle que présente, à l'homme qui est sorti de ces écoles, la société actuelle, on comprend que cette société n'a pu s'asseoir et qu'elle est restée livrée à tous les hasards des évènements. D'un côté, l'autorité, la négation de la liberté et de la raison, de l'autre, la liberté et la raison, et la négation de l'autorité. En un mot, on voit dans la société le contraire de ce qui est enseigné dans l'école et, dans l'école, on enseigne le contraire de ce qui se voit dans la société.

Qu'êtes-vous donc, vous qui avez conçu le projet insensé de laisser les jeunes générations livrées à l'enseignement de l'Eglise? Mais si l'Etat n'avait pas en lui-même la force et la volonté nécessaires pour enseigner les principes sur lesquels il repose, il faudrait renoncer à ces principes et retourner à l'Eglise. L'Eglise vaudrait encore mieux que l'anarchie au milieu de laquelle se débattrait la société, et qui résulterait de l'antagonisme entre les principes enseignés dans l'école et ceux dont on tenterait l'application dans le monde de la politique.

On comprend que, sous ce nom d'école, nous comprenons aussi l'église, le temple ou les fidèles catholiques se réunissent pour recevoir les enseignements du clergé. On ne peut toucher à ces enseignements, qui sont du domaine du droit de réunion; et, le jour où l'Etat aura mis sa législation d'accord avec les principes de ce droit et où il aura fait, à tous les autres points de vue, son devoir, il n'y aura plus qu'à laisser l'Eglise suivre ses destinées et aller à la mort.

Mais le devoir le plns rigoureux de l'Etat anjourd'hui est de sauver la société moderne de l'anarchie et de la dissolution, et, pour celà, d'enseigner les principes sur lesquels il repose et de faire l'unité. Il y aura, sur ce terrain de l'éducation républicaine du peuple, bien des luttes et des difficultés ; mais elles seront fructueuses. Quand nous voyons les grands hommes de la Révolution française, les Mirabeau, les Robespierre, les Danton, mettre le feu au monde et déchaîner sur l'Europe une guerre effroyable pour imposer au clergé le serment constitutionnel, ou pour établir des réformes que la monarchie aurait pu tout aussi bien accomplir ; quand nous voyons des hommes, ils nous permettront de le dire, comme M. Gambetta et M. Jules Ferry, employer la force dont ils disposent pour disperser les congrégations, nous ne pouvons nous défendre d'un sentiment de regrets et de tristesse.

Il est certain que si les congrégations menaçaient en effet les bases de l'ordre social, et si elles étaient devenues assez fortes au point de vue politique pour entraver l'exercice du pouvoir, la monarchie elle-même aurait su y mettre bon ordre. Mais ceci revient à dire, ce que nous avons dit ,àjéd que la République ne peut que suivre les

errements de la monarchie et qu'il n'y a d'autre
différence que dans l'éducation. Ah! sans doute,
il y aura, comme nous l'avons dit, de grandes
luttes et de grandes difficultés ; les partis monarchiques se réuniront tous pour empêcher que le
peuple soit instruit de ses droits et de ses devoirs,
et qu'on lui fasse connaître ses intérêts.

Mais le devoir des hommes d'Etat est précisément de résister sur ce point aux influences des
partis monarchiques, et de faire l'éducation républicaine du peuple.

D'ailleurs, le jour où le peuple comprendra
qu'il s'agit véritablement dans l'instruction donnée par l'Etat de ses droits et de ses intérêts, il
soutiendra les hommes d'Etat et leur aidera à
fonder la République. N'a-t-on pas remarqué,
dans ces derniers temps, qu'une profonde lassitude
et un complet découragement se sont emparés des
masses populaires? Le peuple avait fondé sur la
Révolution française les plus grandes espérances ;
il avait cru que la monarchie était le seul obstacle à l'accomplissement de ses espérances, et il a
renversé la monarchie. Cependant, il ne se trouve
pas satisfait.

Il faut faire comprendre au peuple que les pro-
messes faites par la Révolution française, sont

basées sur le droit et la justice, et qu'elles ne peuvent manquer de se réaliser; mais qu'il y faut le concours de tous, et qu'on ne peut y arriver que par l'instruction.

Donnez donc, illustres hommes d'État et politiques éminents, qui êtes placés à la tête des affaires du pays et à qui le peuple a donné sa confiance, l'instruction au peuple et enseignez-lui les principes sur lesquels la société repose; c'est le seul moyen de justifier la confiance que le peuple a en vous, et de fonder la République.

CHAPITRE VIII

De l'art et des fêtes, et de ce qu'on peut appeler la partie matérielle de l'éducation républicaine du peuple.

Nous croyons avoir expliqué, dans quelques-uns des chapitres qui précèdent et notamment dans le dernier, que la raison pour laquelle on n'a pas jusqu'ici établi la société moderne, c'est que les principes sur lesquels repose cette société et qui ont été proclamés par la Révolution française, n'avaient pas été formulés d'une manière assez nette et assez précise, et qu'ils n'avaient pu être enseignés.

Nous croyons aussi que c'est pour la même raison qu'il n'est pas né un art de la Révolution française, et que l'on ne fait que se traîner dans les ornières de l'ancien régime. En effet, que voyons-nous? Dans les expositions, dans les musées, l'État donnant des encouragements, faisant des commandes à des artistes qui continuent les maîtres anciens et qui cherchent à glorifier les hommes et les choses de l'ancien régime.

Que peuvent bien dire à l'esprit du peuple aujourd'hui des œuvres comme l'Assomption de la Sainte Vierge, la vie de Sainte Geneviève ou le triomphe de Clovis?

Il en est de même de l'art dramatique et de l'art romantique. Pourquoi encourager, dans les théâtres subventionnés, des œuvres où l'on essaye de tourner en ridicule les institutions républicaines et où l'on glorifie les rois et les chefs de toutes les aristocraties?

L'art est le produit d'une époque et il n'y a, à mériter d'être encouragées, que les œuvres qui expriment les idées et les besoins de la génération contemporaine. Les autres œuvres sont comme le produit d'une époque disparue et l'Etat, loin de les encourager, doit les laisser rejoindre les idées et les mœurs qu'elles ont la prétention de représenter, et aller à la mort ou au néant.

Nous demandons donc que, sur ce point aussi, l'Etat se mette d'accord avec son propre principe et qu'il n'encourage que des œuvres qui peuvent servir à l'éducation républicaine du peuple.

Enfin, et pour compléter le système de l'éducation républicaine du peuple et aussi pour remplacer comme nous l'avons dit, au point de vue du
chômage, les jours de fête et les dimanches de l'E-
glise, nous demandons l'établissement de fêtes ti-
rées de l'histoire moderne, et célébrant la gloire
et les vertus des héros.

Et, à ce propos, ou nous permettra de dire que,
après douze années de République, il est étonnant
qu'on n'ait institué d'autre fête nationale que celle
du 14 juillet. Sans doute, il aurait été difficile, a-
près le triomphe de la réaction au 24 mai et au 16
mai, d'établir des fêtes républicaines ; sans doute
aussi, après le triomphe de la République et la dé-
faite de la réaction dans les élections qui ont suivi
le 24 mai et le 16 mai, et qui avaient été en partie l'œuvre de la bourgeoisie, ce qu'il y avait de
mieux à faire, celle-ci pouvant encore être ef-
frayée, était de créer la fête nationale du 14 juillet, qui célèbre l'anniversaire du triomphe de la
bourgeoisie et l'avénement de la liberté ou de la
monarchie constitutionnelle.

Mais aujourd'hui, quand la France est unie et
qu'il n'y a plus dans le parti républicain de divisions profondes et irrémédiables, quand la bourgeoisie comprend que ses intérêts légitimes sont

mieux défendus par la République que par la monarchie et qu'elle consent à se placer sur le terrain de la liberté ; quand, de son côté, le peuple comprend qu'il n'y a pas d'autre moyen pour améliorer sa position que la liberté et qu'il est résolu à l'employer, — aujourd'hui, disons-nous, il n'y a aucun inconvénient à créer le 21 septembre une fête pour célébrer l'anniversaire du triomphe du peuple tout entier et l'établissement de la République.

Il est certain que la célébration de l'anniversaire où la Convention nationale, qui avait été élue dans ce but par la France dans la plénitude de sa souveraineté, proclama la première République, serait acceptée par la France et qu'elle ne pourrait être critiquée. On célébrerait l'anniversaire du 4 septembre, du 25 février, de la Révolution de juillet. Sans doute, il y a beaucoup à dire sur ces révolutions et il est à regretter que le peuple ait été obligé d'employer la force pour faire triompher sa volonté ; mais d'abord quelles sont celles des actions de l'homme qui ne pèchentpas par quelques côtés et qui peuvent échapper entièrement à la critique ? Jésus-Christ et les saints du paradis chrétien ou catholique ne sont-ils point par quelques côtés odieux ou ridicules, et, parmi les fêtes ou les anniversaires de l'Eglise, n'y en a-t-il point que le plus vulgaire bon sens et la morale réprouvent, et qui seraient condamnés par le code de toutes les nations civilisées?

En second lieu, il faut à un peuple ou à un parti qui a la prétention de représenter un peuple, une histoire ou des anniversaires, et il ne peut s'en passer. Les neutres qui croient qu'on peut fonder un gouvernement et une société en s'effaçant, ou avec des négations, se trompent et ils ne comprennent pas les conditions nécessaires du concours du peuple à cette fondation du gouvernement et de la société. Le peuple, en effet, ne comprend pas les négations, et il ne fait sous ce rapport aucune différence entre la République et la monarchie. La République affirme son principe, qui est la liberté; la monarchie a affirmé le sien, qui était l'autorité. Mais le peuple ne comprendrait pas par exemple, que la liberté restât à l'état de lettre morte, et qu'elle ne pût engendrer que le désordre et l'anarchie.

Il faut, pour que le peuple donne son concours à l'établissement de la République, que la République vive et qu'elle apparaisse à tous les yeux sous une forme réelle et palpable. Attachons-nous donc à donner cette forme à la République, et représentons-la aux yeux du peuple comme un gouvernement ferme, énergique, respectueux des droits, mais qui demande aussi à être respecté.

CHAPITRE IX

De la politique extérieure de la France.

On pourrait, sous ce titre de l'*Organisation de la République*, écrire un gros volume. Il n'y a pas, en effet, une question, si petite qu'elle soit, qui n'intéresse, à un degré quelconque, l'avenir et l'établissement de la République. Toutefois, la plupart des questions, ne touchant que de très loin à la politique générale et ne pouvant influer sur la marche des affaires, peuvent être, sans danger pour la République, traitées à des points de vue différents et il n'y a aucun intérêt à s'en occuper ici.

Mais il y a une question sur laquelle nous demandons à dire un mot, et qui intéresse selon nous l'existence même de la France et de la République. Nous voulons parler de la question de la politique extérieure de la France. Il n'y a pas, selon nous, de question sur laquelle le parti républicain a erré comme sur celle-là, Sans remonter au déluge, c'est-à-dire pour nous à la Révolution française, on peut dire d'une manière générale que les dernières monarchies qui ont régné sur la France avaient à quelques exceptions près une politique extérieure nationale et que, si elles se sont trompées et si elles ont commis des fautes, elles l'ont fait d'accord et avec la complicité de l'opinion publique.

Qui de nous ne se rappelle les cris de joie qui accueillirent à Paris la nouvelle de la victoire de Sadowa, remportée par les Prussiens sur les Autrichiens et qui nous mettait vis-à-vis des premiers dans un état d'infériorité manifeste ?

Qui de nous ne se rappelle ou n'a entendu parler des idées qui avaient cours sous Louis-Philippe et sous Napoléon III, et qui portaient à faire la guerre tantôt pour la Pologne et tantôt pour établir la République dans les pays les plus monarchiques de l'Europe ?

Dernièrement encore, un journal intransigeant, dans un article à l'occasion des funérailles de Garibaldi, parlait d'aller révolutionner l'Italie et de proclamer la République à Rome. L'excuse de ce journal est de n'avoir pas de politique, et de vivre au jour le jour. Mais la masse du parti républicain est devenue plus sage, trop sage même; car, on en est arrivé à ne savoir plus distinguer entre les véritables intérêts de la France et les dangers qu'elle peut courir, et à n'avoir d'autre politique extérieure que la crainte de M. de Bismarck.

Certes, on a raison de craindre M. de Bismarck et le grand chancelier de l'empire d'Allemagne est un ennemi de notre pays; mais il ne faudrait pourtant pas, exagérer et croire que la main de M. de Bismarck est dans tous les évèvements politiques qui peuvent avoir lieu sur la surface du globe, et dans toutes les difficultés qui nous sont suscitées.

On croit que la France ne peut plus donner signe de vie ni exprimer ses idées sur la marche générale des affaires dans le monde ou pour la défense de ses intérêts, sans qu'une coalition se forme immédiatement contre nous et que les soldats prussiens, autrichiens, italiens, etc., apparaissent sur nos frontières de l'est et du sud-est, et on en conclut qu'il ne faut rien faire ou, ce qui est pis, agir selon les idées qu'on prête à M. de Bismarck. Mais d'abord, est-on bien sûr qu'avec

ce système on garderait la paix et qu'on pourrait maintenir uni à la patrie française ce qui
reste de nos provinces de l'est, et n'est-il pas certain au contraire que la politique d'effacement
et de complète neutralité ne peut avoir d'autre
effet que de nous faire perdre successivement
toutes nos alliances et de nous réduire à l'isolement.

Si, comme il ne faut pas en douter, M. de Bismarck suit une politique contre nous, c'est celle-
là, c'est celle qui consisterait à nous faire perdre
successivement toutes nos alliances et à nous réduire à l'isolement. Le concert européen n'existe
pas. Qui de nous pourra croire que la Russie, dont
M. de Bismarck gêne l'extension vers l'Orient et
qui a contre lui tant d'autres griefs, est une fidéle
alliée de l'Allemagne? Qui de nous pourra croire
que l'Autriche, dont M. de Bismarck convoite les
provinces allemandes et qu'il a déjà dépouillée,
soit aussi une fidèle alliée de l'Allemagne? Reste
l'Italie, patrie de Machiavel qui, parce qu'elle a
pour capitale l'ancienne capitale de l'empire et de la
république romaine, vise à se mettre à la tête des
nations latines et nous considère comme des ri-
vaux ou des ennemis.

L'Italie sera toujours contre nous; mais elle

ne fera rien sans son puissant allié, M. de Bis
marck, et il dépend de nous qu'il ne puisse jamais
rien faire. Il faut nous placer résolûment sur
le terrain des traités, les défendre énergiquement et demander qu'ils soient par tous respec-
tés. L'Angleterre nous soutiendra dans cette
voie. L'Angleterre est, à l'heure qu'il est, la seule
puissance en Europe qui échappe à l'influence de
M. de Bismarck et qui puisse prendre contre lui
l'initiative d'une action militaire ou diplomatique.
D'un autre côté, l'Angleterre veut la paix et elle
n'a d'autre intérêt que d'assurer ses communica-
tions avec son puissant empire de l'Inde. Cet intérêt peut parfaitement se concilier avec l'intérêt de
la France, et il est du devoir de nos hommes d'E-
tat d'établir sur ces bases entre les deux pays une
alliance solide et durable.

Il ne s'agit pas ici, on le comprend, des choses
du sentiment. A entendre certains de nos hommes
d'Etat et de nos hommes politiques, on pourrait
croire qu'une alliance entre deux pays se conclut
comme une promesse que se feraient deux amis de
se défendre envers et contre tous, et de se battre
pour quelque cause que ce soit.

Non, il s'agit ici des choses de la raison et des
intérêts. L'Angleterre a été pendant longtemps

5

notre ennemie, et elle nous a combattu avec a-
charnement. Sous l'ancienne monarchie, l'Angleterre, qui avait des possessions sur le continent et
qui était notre rivale dans les colonies, a défendu
contre nous ses intérêts et elle a eu des alternati-
ves de succès et de revers.

Plus tard, sous la première République, elle a
fait la guerre à la France ; mais d'abord, il faut
bien le dire, pour défendre ses intérêts qui étaient
menacés dans le Hanovre, et aussi pour ses colonies.

Sous le premier empire, l'Angleterre a défendu
la liberté de l'Europe contre le despote couronné
qui voulait opprimer le monde. Depuis, l'Angleterre a toujours été fidèle à son alliance avec la
France et, s'il y a eu entre les deux pays quelques
difficultés, il faut s'en prendre aux gouvernements
qui n'ont pas su aplanir ces difficultés et comprendre l'importance d'une alliance étroite entre
la France et l'Angleterre.

L'Angleterre ne veut plus notre humiliation,
parce que notre humiliation c'est notre affaiblis-
sement et que l'Angleterre a intérêt à ce que nous
ne soyons plus affaiblis. De notre côté, nous ne
voulons pas que, pour nous ne savons quelles
combinaisons au profit de la race germanique

vers l'Orient ou sur le bas Danube, ou pour trou-
bler le repos de l'Europe, on pousse les Turcs vers
l'Asie ou en Égypte et qu'on coupe aux Anglais
leur route de l'Inde, qui nous importe du reste
comme à eux. L'Angleterre ne nous jalouse plus
à cause de nos possessions dans le nord de l'Afri-
que; elle a compris que nous n'étions pas trop de
deux pour civiliser le monde musulman que nous
avons attaqué, elle dans l'Inde et nous en Algérie,
et que nous avions le même intérêt à empêcher
que les Turcs, refoulés en Asie ou en Égypte, ou
remis en possession de ce dernier pays, redevien-
nent une puissance menaçante pour nos communes possessions. La Russie a aussi le même
intérêt, à cause de certaines de ses provinces
asiatiques. Unissons-nous donc avec l'Angleterre,
et défendons avec elle énergiquement les traités,
c'est-à-dire la paix du monde.

CHAPITRE X

Des moyens pour relever la France, et pour l'empêcher de mourir.

Nous détestons les lieux communs et les phrases toutes faites, et nous ne croyons pas qu'un peuple soit nécessaire au monde et que la France ne peut mourir. Rome, la Grèce, l'Assyrie, l'Egypte, ont successivement brillé à la surface de la terre ; puis, elles ont disparu et laissé la place à d'autres peuples. Dans les temps modernes, l'Espagne qui, au moyen âge, était la première puissance de l'Europe, est devenue une puissance de second ou troisième ordre et les autres puissances n'ont plus à s'en occuper. Sans doute, un peuple est long à mourir et ce n'est pas demain que les Allemands viendront tenir garnison dans nos villes de l'ouest et du sud-ouest.

Du reste, ce n'est peut-être pas sous cette forme de soldats allemands tenant garnison dans nos villes de l'ouest et du sud-ouest qu'apparaîtront la conquête et l'asservissement. Mais il s'agit de savoir si nous pourrons l'empêcher, et si nous trouverons en nous-mêmes assez de force et de vitalité pour nous défendre et maintenir notre nationalité. Assez souvent, dans notre histoire de France, nous avons été vaincus et nous avons été obligés de céder quelques-unes de nos provinces; mais nous avons toujours fini par lasser nos adversaires Aujourd'hui, en est-il de même et pourrons-nous reprendre en Europe la place que nous y occupions avant la guerre de 1870-1871?

Il est certain que nous sommes aujourd'hui divisés, et que la fibre patriotique est émoussée. Sous la monarchie, quand les armées royales avaient été vaincues et que l'ennemi commençait à pénétrer sur le territoire de la France, le roi traitait et tout le monde se réunissait autour de lui pour obtenir les meilleures conditions possibles.

Aujourd'hui, à la première bataille perdue, il y aurait un général qui se mettrait à la tête des troupes et qui prétendrait s'ériger en dictateur. Si ce général était vainqueur, il jouerait à son gré le rôle de Monck ou de Bonaparte et rétablirait la monarchie ou établirait une dictature militaire.

Voilà le danger de la situation ! L'armée, comme le pays, est divisée et elle ne croit pas à la durée de la République. Et pourtant, il n'y a que la République de possible ! De l'aveu de tous, si demain la République était renversée et si une monarchie s'établissait, cette nouvelle monarchie ne durerait que quelques années et nous nous retrouverions en présence d'une situation plus dangereuse. Mais cette conviction que la République est aujourd'hui le seul gouvernement possible, ne suffit pas pour lui rallier la France et nous flottons en pleine anarchie.

D'un côté, il y a la France, abstraction au point de vue de l'opinion publique et qui est toujours prête à donner raison à celui qui se présentera pour gouverner ; de l'autre, les partis. Le parti républicain, qui seul aujourd'hui existe au point de vue politique et qui a la responsabilité du gouvernement de la France, se subdivise en plusieurs groupes dont le défaut de cohésion et d'entente, et l'hostilité à peine déguisée, produit précisément l'anarchie dont nous parlions tout à l'heure et amènera si l'on n'y met ordre la ruine de la France et de la République.

Certes, il est dans la nature des choses qu'il y

ait un centre, une gauche et une extrême-gauche,
c'est-à-dire des hommes qui pensent différemment
sur les questions de la politique et dont le caractère, la tournure d'esprit ou le tempérament les
portent vers des solutions extrêmes, ou vers des
opinions moyennes et modérées.

Mais le propre de la politique est précisément
de réunir et de grouper toutes les forces de la
nation, et de trouver un terrain sur lequel elle
pourra déployer son intelligence et son activité.
Et, à ce propos, on nous permettra une observa-
tion. Ce qui prouve que la monarchie n'existe
plus parmi nous, c'est qu'il serait impossible de
trouver une seule question sur laquelle on pourrait réunir tous les efforts de la nation et qui
serait traitée par ce parti. La monarchie serait
obligée de faire la guerre, et elle amènerait à bref
délai la ruine de la France. Il n'y a donc que la
République qui peut sauver la France ; mais il
faut pour cela qu'elle fasse l'unité et qu'elle puisse
s'organiser. Nous sommes dans cette situation
d'un peuple qui a renoncé à la monarchie, et qui
ne peut arriver à la République. La conséquence
de cet état pour le peuple est la mort, et il ne peut
trouver en lui assez de force pour résister à l'ennemi du dehors et aux intrigues du dedans.

Que l'on y prenne garde, la Révolution française a pù être le chant du cygne pour la nation française et celle-ci s'est épuisée à cet effort héroïque. Les peuples ont, comme les individus, une durée ou une mission, et, quand elle est remplie, ils n'ont qu'à descendre dans la tombe et ils ne vivent plus que dans l'histoire. Les peuples de race latine sont, nous le craignons, arrivés au terme de leur existence et, si l'on veut jeter un coup d'œil sur la situation actuelle de ces peuples, on reconnaîtra du moins qu'ils sont loin d'être en progrès. L'Espagne, dont nous parlions en commençant ce chapitre et qui, comme nous l'avons dit, était au moyen âge si puissante, en est arrivée à la suite de ses nombreux pronunciamentos, à n'avoir plus qu'une existence nominale et à naviguer dans l'orbite de la puissance germanique.

Les colonies espagnoles du sud de l'Amérique, naguère aussi si puissantes, mais dont les révolutions où les promenciamentos ne se comptent plus, n'ont plus aussi qu'une existence nominale et, quand elle le voudra, la puissante race anglo-saxonne, qui forme la République des Etats-Unis du nord, n'aura qu'à étendre la main et elle s'en emparera.

L'Italie que, pour notre malheur et sans doute aussi pour le sien, nous avons contribué à former et qui a en ce moment l'apparence d'une nation, ne tardera pas à tomber dans l'anarchie et elle deviendra la proie de M. de Bismarck. Bientôt, on proclamera à Rome la République; à Naples, on tentera une restauration bourbonnienne; à Florence, on cherchera à rétablir les grands-ducs. Toute l'Italie se réclamera de M. de Bismarck, et elle deviendra une province de l'empire allemand.

Reste la France, puissance du nord autant que du midi, mais de civilisation latine. La France peut-être pourrait conjurer ces malheurs qui menacent les peuples de la race latine; mais il faudrait qu'elle-même pût s'organiser et qu'elle opposât un front infranchissable à l'invasion germanique. Or, il s'agit de savoir si, en effet, la France peut s'organiser et opposer un front infranchissable à l'invasion germanique.

Certes, à ne consulter que les apparences, la France a encore une puissance considérable; elle peut mettre sur pied des armées nombreuses et braves, elle a des hommes d'Etat dévoués et patriotes; au besoin, elle trouverait encore des alliés. Mais tout cela ne suffit pas pour remporter la victoire, et il faut encore la foi. Or, c'est là ce qui nous manque et nous n'avons pas confiance en nous-mêmes, dans notre voisin, dans nos généraux et dans nos hommes d'Etat. Puis, pourquoi se battre? N'est-on pas trop riche pour cela, et M. de Bismarck ne respectera-t-il pas la propriété? D'autres, sous prétexte de ne pas défendre les biens de la bourgeoisie, parlent de faire la grève des conscrits. Enfin, il y a les partisans de la paix à tout prix, ceux des Etats-Unis d'Europe, les membres de la Ligue pour la paix, les partisans à l'intérieur d'une décentralisation excessive et de l'absence de tout gouvernement, qui travaillent chacun de son côté, sans le savoir, nous le voulons bien, mais véritablement, à énerver le sentiment national et à nous livrer à l'Allemagne.

Cependant, l'ennemi s'avance et il nous enserre de jour en jour davantage. Il s'établit au milieu de nous et pénètre dans nos villes, y fonde des maisons de banque ou de commerce, travaille dans nos usines, nos manufactures et nos ateliers, entre, au prix d'une naturalisation, dans nos administrations publiques, enfin, s'empare peu à peu de notre pays en attendant qu'il s'en empare tout à fait, et le conquiert au point de vue commercial, industriel et administratif, en attendant qu'il le conquière au point de vue politique et militaire.

Telle fut la position de l'empire romain vis-à-vis des Barbares, quand ceux-ci commencèrent à s'emparer des provinces de cet empire et à y fonder des royaumes.

Cependant, qu'y a-t-il à faire? Réagir énergiquement contre tous les dissolvants qui se produisent dans la société française, inculquer dans l'esprit des jeunes générations l'idée de la patrie qui se confond aujourd'hui avec la République; enfin, réunir, comme nous l'avons dit il y a un moment, sur une seule question telle que celle de l'éducation, toutes les forces de la nation et résoudre cette question dans le sens des intérêts du peuple.

Voilà ce qu'il y a à faire! Pour notre part, nous soutiendrons énergiquement, dans la mesure de nos forces, quiconque marchera dans ce sens pour le relèvement de la patrie et tentera de conjurer les arrêts peut-être du Destin!

Juillet 1882

TABLE.

9 782012 463769